LE SERPENT
DANS LA
CENTRALE ELECTRIQUE

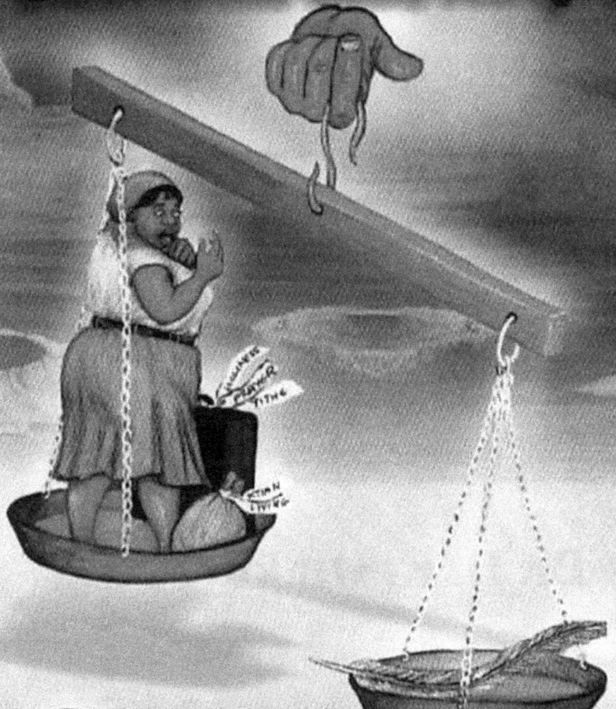

Dr. D. K. Olukoya

LE SERPENT DANS LA CENTRALE ELECTRIQUE

Dr. D. K. Olukoya

LE SERPENT DANS LA CENTRALE ELECTRIQUE

2011 PAR DR. D. K. OLUKOYA
ISBN: **978-0692376935**
1ER TIRAGE JUILLET 2011

Une publication du Ministère de la Montagne de Feu et des Miracles, Maison de Presse
13, Olasimbo Street, de la rue Olumo (Près du 2nd Portail de Unilag), Onike, Yaba,
P.O. Box 2990, Sabo, Yaba, Lagos, Nigeria.
Site Internet : www.mountain-of-fire.com
Email : mfmhgworldwide@mountain of fire.org
          rosecentral@yahoo.com

Tous les versets bibliques sont tirés de la version française Louis Segond
Image sur la couverture : Sœur Shade Olukoya.

Tout droit réservé.
Toute reproduction en entier ou en partie sans une autorisation écrite est interdite.

Dr. D. K. Olukoya

TABLES DES MATIERES

1. LE SERPENT DANS LA CENTRALE ELECTRIQUE

2. VOTRE SODOME PRIVEE

3. BIEN QUE LA MAIN DANS LA MAIN.

LE SERPENT DANS LA CENTRALE ELECTRIQUE

Ce message est pour ceux qui désirent que leur destin change pour le meilleur, ceux qui sont fatigués de jouer aux billes et veulent que Dieu fasse réellement quelque chose de bon pour eux. Ce n'est pas pour ceux qui argumentent encore sur le fait d'être saint ou pas.

C'est pour ceux qui ont déjà pris la décision d'être saint, et qui par la pureté maintenant veulent le pouvoir.

Un frère était invité pour un entretien concernant un boulot en or en allant, un mini bus de la banlieue a éclaboussé tout son corps. Le temps qu'il retourne à la maison pour changer ses vêtements l'entrevue était terminé.

Une autre invitation à une interview pour une meilleure place s'est présentée à nouveau, pendant que le frère se préparait pour l'interview, son fils aîné a développé une convulsion, suivie du second et du troisième fils. Tout ceci en un jour. Même sa femme qui se battait pour sauver la vie des trois enfants, était aussi abattue. Tout ceci pour retenir le frère occupé à la maison pendant que l'interview se déroulait. Dès que l'entretien fut achevé les gens malades de sa maison se portaient mieux. Par conséquent, le frère a raté sa seconde occasion.

La troisième interview s'est présentée. Le frère est arrivée à l'heure à l'entrevue et est allé pour rendre visite à son ami à l'étage supérieur pour que les deux puissent descendent ensembles.

Pendant que son ami et lui étaient dans l'ascenseur, l'alimentation en électricité de l'ascenseur s'est arrêtée et le groupe électrogène de secours refusait de démarrer. L'interview se déroulait pendant que son ami et lui étaient retenus dans l'ascenseur, c'est ainsi qu'il a perdu sa troisième chance.

En Genèse. 27 : 40, nous lisons :

"Tu vivras de ton épée, Et tu seras asservi à ton frère ; Mais en errant librement çà et là, Tu briseras son joug de dessus ton cou"

Lorsqu'un homme fait face à un ennemi plus puissant que lui, le seul moyen de le vaincre est de devenir plus puissant que lui. Si vous n'êtes pas aussi puissant que l'ennemi qui a mis la servitude sur vous, vous êtes condamné à souffrir plus surtout lorsque vous voulez en sortir.

Lorsque vous voulez enlever la servitude placée autour de votre coup par l'ennemi fort, mais que vous manquez de puissance, il peut y ajouter plus à votre servitude. Mais lorsque vous êtes plus fort que lui, vous pouvez l'ôter de votre cou et le placer sur celui de l'ennemi.

Une nuit, lorsqu'une sœur dans notre église s'est levée de notre salon pour aller se soulagée, un démon est brusquement entré. Elle l'a courageusement regardé.

Le démon est allé jusqu'à mentionner tous les noms de la sœur, y compris ceux par lesquels ont l'appelait rarement, et il a dit à cette derrière qu'il était envoyé pour la tuer. La sœur est demeurée imperturbable et l'a ordonné d'être figer sur place ; et il l'a été. Elle lui a donné un autre ordre d'utiliser le gros bâton de sa main pour frapper sur sa tête, et le démon a commencé à frapper sur sa propre tête avec le bâton. Cette sœur avait la puissance. Dans Psaumes. 18 : 18, nous lisons aussi ; **Il me délivra de mon adversaire puissant, de mes ennemis qui étaient plus forts que moi.**

Egalement, en **Matthieu. 10 : 1**, la Bible nous dit, **Puis ayant appelé ses douze disciples. Il leur donna le pouvoir de chasser les esprits impurs, et de guérir toute maladie et toute infirmité.** Ce dont le verset ci-dessus nous dit c'est qu'il y a un pouvoir particulier contre les esprits impurs. Voulez-vous d'un tel pouvoir ?

Nous passons à **Ephésiens. 6 : 10** où l'on trouve.
Au reste, fortifiez-vous dans le Seigneur, et par sa force toute puissante.

Il y avait une ville particulière qui était alimentée en puissance par un groupe électrogène très puissant. Il était si puissant qu'il n'alimentait pas seulement la ville entière mais aussi il n'a jamais été en panne. Ce pendant, une nuit environs de 23h, une épaisse obscurité a enveloppé la cité entière. Les habitants de la cité l'ont pris à la légère, pensant que c'était un problème mineur. Durant la nuit, il n'y avait pas de lumière.

A ce moment, les techniciens, les ingénieurs et les réparateurs ont décidé d'aller voir ce qui n'allait pas, juste pour découvrir qu'un serpent s'était enroulé à l'intérieur du groupe électrogène. Et pour cela, le générateur est tombé en panne. Cela signifie simplement que cet unique serpent qui était entrée dans la Central électronique suffisait simplement pour le mettre en panne.

L'église est extrêmement dans le besoin des hommes et des femmes de puissance. Lorsque j'étais à l'école primaire, nous avions ce qu'on appelle " **la danse des cancres** ". Elle était exécutée par tous les élèves qui étaient les derniers dans toutes les classes. Ils étaient réunis ensemble et on leur faisait danser en faisant le tour des classes de l'école.

Une chose que j'ai remarqué concernant cette danse, c'était qu'aucun élève ne la répétait deux fois. Après qu'un élève ait participé une fois et qu'il ait subi ses humiliations il se remettait au sérieux et lisait ses leçons pour ne pas la refaire à nouveau. Beaucoup parmi nous sont entrain de faire maintenant leur **dance du cancre** et se plaignant de ne pas connaître ce que Dieu fait. Dieu cherche des hommes et des femmes de puissance en ces derniers temps, qui démontreront Sa puissance, des hommes et des femmes qui déclareront à tout démon qui traversera leur chemin qu'il n'y a un Etre connu comme le plus Elevé, " **Je suis celui qui suis** ".

J'ai vu un exemple de ceci quand j'étais a l'école secondaire à Yaba (Lagos). Une femme enceinte en allant au marché a piétiné l'un de ses adorateurs de fétiche appelé Sango. Cet adorateur de fétiche Sango s'est énervé et a commencé a l'injurier, malgré le fait qu'elle s'est excusée auprès de cet adorateur de fétiche, il a menacé de là maudire. Elle pensait que c'était une simple menace, l'adorateur de Sango a mis quelque chose dans la bouche et a commencé à maudire la femme enceinte dès qu'il a fait ça, le feu est sorti de sa bouche. Mais, à la surprise de l'adorateur, la bonne femme s'est retournée et a ordonné au feu de s'éteindre et le feu s'est éteint . c'était la puissance.

QU'EST-CE QUE LE POUVOIR ?

→ Le pouvoir est la faculté ou la capacité à agir efficacement.
→ Le pouvoir est la capacité à vaincre vos obstacles.
→ Le pouvoir est l'aptitude à exercer l'autorité.
→ Le pouvoir est l'énergie vitale qui met en fuite vos ennemis.
→ Le pouvoir c'est aptitude à enlever les obstacles de votre chemin et de décider quelle voie prendre.
→ Le pouvoir est une partie de la vie de chaque jour.

Vous êtes en vie aujourd'hui parce que vous avez le pouvoir physique pour être en vie et le pouvoir mental pour comprendre ce qui ce passe autour de vous. C'est la puissance dans la batterie d'un véhicule qui lui permettra de fonctionner.

Selon la Bible, le pouvoir : **C'est avoir accès aux mystères de Dieu.** Mais il est toujours vrai que nôtre génération est celle de chrétiens impuissants. Notre impuissance est devenue monumentale.

C'est vraiment terrible que les croyants recherchent le pouvoir où ils ne devraient pas. La manière dont ce monde évolue est très importante, bien-aimé pour que nous ayons le pouvoir de Dieu dans nos vies, nos vies doivent générer le pouvoir de Dieu. Il est dangereux de vivre une vie sans ce pouvoir. C'est une idée acceptable pour les chrétiens de s'engager dans la politique pour que les incroyants ne continuent pas à régner sur le peuple de Dieu, mais ce pouvoir vital de Dieu doit être la première des choses à acquérir pour une efficacité.

La Bible dit. " Il leur a donné le pouvoir contre……………………les esprits impurs."

C'est pour vous une tragédie lamentable de rester comme le tapis de l'ennemi simplement parce que vous manquez de pouvoir. Le pouvoir réel est le pouvoir spirituel. Tous les autres pouvoirs fléchissent devant le pouvoir spirituel. Il y avait un puissant boxeur qui pouvait facilement briser les os avec ses coups de poing, mais qui manquait de puissance face à l'immoralité.

Il y avait aussi un puissant lutteur qui était totalement impuissant contre la drogue.

LE SERPENT DANS LA CENTRALE ELECTRIQUE

En ces jours, nous avons besoin du vrai pouvoir. Un jour une femme m'a raconté comment l'église M.F.M avait été critiquée dans son église à cause des prières de " **tombe et meurs** " que nous faisons toujours. La femme était constamment harcelée par sept esprits de mari de nuit. C'était le problème qui l'avait amené aux Ministères de M.F.M.

Dès qu'elle a reçu les points de prières de " Tous les pouvoirs qui tourmentent ma vie, tombez et mourrez", elle était découragée. C'est bien ce qu'on dit de cette église de M.F.M l a-t-elle grogné. Cependant, quelque chose l'a incité à prier et elle a commencé à le faire. Et aussitôt qu'elle a mentionné " Meurs ", le Seigneur lui a ouvert les yeux pour voir les sept esprits mari de nuit se tenant à côté d'elle, et la terre a commencé à s'ouvrir pour les avaler petit à petit.

Lorsqu'elle a vu ça, elle a élevée sa voix et a intensifié sa prière. Maintenant que les esprits maris de nuit ont été avalés et que la terre s'est refermée sur eux, Je suis sûr que si quelqu'un dit maintenant cette femme de ne plus faire les prières de tombe et meurs, elle renverrait la personne.

POURQUOI AVONS-NOUS BESOIN DU POUVOIR DE DIEU DANS NOS VIE ?

C'est parce que la vie en elle-même est une bataille. Cette bataille de la vie est un fait qui commence dès notre conception et elle continuera jusqu'à ce que nous entrions dans le tombeau.

Le succès de la vie de l'homme est de mesuré en calculant les batailles gagnées par rapport à celles perdues. Tout homme doit affronter ses batailles personnelles. Les gens se blessent dans ces batailles de la vie. Ces blessures peuvent être très sérieuses.

Nous en avons besoin à cause d'une chose connue comme la servitude.
La servitude est un mot puissant, quiconque met son prochain dans la servitude cherche tout simplement à Reigner sur cette personne.

Etre dans la servitude c'est être limité, être confiné, être mis en cage, être lié, être un esclave, être assujetti à un pouvoir ou une force.

C'est être impuissant en présence d'un ennemi. C'est être rétrogradé. C'est avoir votre ennemi comme votre gardien de prison ou un régulateur.

Etre dans la servitude c'est être sous un embargo. C'est être sous un ordre permanent étranger. C'est suivre une voix maléfique toujours donnant des ordres. C'est avoir les ravisseurs qui décident de votre sort. Il y a une servitude consciente et il y a aussi une servitude inconsciente.

Il y a également la servitude choisie et celle qu'on hérite. On a aussi la servitude par force ; celle par accident. Il y a la servitude infligée à soi. Nous avons besoin du pouvoir de Dieu pour les vaincre toutes.
Nous en avons besoin parce que la Bible dit :
Mais les hommes méchants et imposteurs avanceront toujours plus dans le mal, égarant les autres et s'égarant eux-mêmes. (2Tim. 3 :13).

Nous en avons besoin parce que cette génération devient de plus en plus dangereuse et méchante.
Mais c'est une génération de chrétiens impuissants. Nous devons faire quelque chose rapidement. Voyons **Apocalypse. 17 : 6 Et je vis cette femme ivre du sang des saints et du sang des témoins de Jésus. Et, en le voyant, je fus saisi d'un grand étonnement,**
Etonnements sur étonnements. La Babylone buvant le sang des saints ! Ce n'est pas le sang du méchant ! Même l'apôtre était étonné. Les mêmes choses déjà se passent dans notre monde présent. Les buveurs de sang ont pris le dessus sur les affaires des hommes.

Par conséquent, avant de faire toute chose, nous avons besoin de prier. Avant d'avoir une injection nous devons prier. Avant de subir une opération, nous devons prier. En fait, quoique ce soit que nous désirions faire ces temps-ci, nous avons besoin de prier d'abord. Même maintenant, il y des gens qui plantent des matériaux démoniaques devant les clinique et les hôpitaux pour s'assurer que lorsqu'un patient y entre avec la fièvre du paludisme, il en ressort avec la tuberculose. C'est pour maintenant le patient en servitude de maladie. C'est une opération typique des mangeurs de chair et buveurs de sang. Dieu cherche des chrétiens violents pour affronter ces gens maléfiques. Jean. 6 : 53-56, dit

Jésus leur dit : En vérité, en vérité, je vous le dis, si vous ne mangez la chair du Fils de l'homme, et si vous ne buvez son sang, vous n'avez point la vie en vous-même. Celui qui mange ma chair et boit mon sang à la vie éternelle; et je le ressusciterai au dernier jour. Celui qui mange ma chaire et qui boit mon sang demeure en moi, et je demeure en lui.

C'est après avoir pu boire le sang de Jésus et mangé Sa chair que nous pouvons boire l'autre genre de sang dont on nous a parlé en **Nombre. 23-24.**

C'est un peuple qui se lève comme une lionne, et qui se dresse comme un lion ; Il ne se couche point jusqu'à ce qu'il ait dévoré la proie, Et qu'il ait bu le sang des blessés.

Dieu cherche des combattants qui démontreront Sa puissance dans ces derniers temps. Il y a la méchanceté tout autour de nous et des choses terribles se passent chaque jour. Un prédicateur est entré dans un avion et a pris un siège à côté d'une personne qui était occupé à prier. Après avoir regardé ce dernier prier pendant un bon moment, notre prédicateur était ravi de s'être assis à côté d'un guerrier de prière environs 30min plus tard, lorsque l'homme eut fini de prier, le prédicateur s'est retourné vers lui, a souri et l'a salué en disant. **"Vous devez être chrétien, frère, pour avoir prié depuis"**
A son étonnement, le frère l'a regardé avec dédain et a changé. N'ose plus mentionner ce mot à nouveau. Je hais les chrétiens. Actuellement, je suis entrain de prier contre eux. Pour le reste du voyage, le prédicateur n'était plus lui-même. Cependant, pour sortir du choc, il a eu recours à la prière.

Bien-aimés, le besoin suprême de l'heure est le pouvoir d'en haut qui est opposé au pouvoir d'en bas. La règle est très simple : Lorsqu'un pouvoir va à l'encontre d'un autre, le plus faible doit fléchir. Des feuilles sèches et papier se ventaient contre le vent. Ils se vantaient tellement de battre Mr le vent quand il arriverait. Mais lorsque le vent a soufflé, tous les deux, feuilles sèches et papier s'étaient envolés. C'était une démonstration claire du résultat du pouvoir plus faible faisant face à celui qui est plus fort.

Nous pouvons remarquer autour de nous le réveil de la sorcellerie et d'autres pratiques démoniaques. La fois dernière, j'ai lu dans un journal étranger, concernant un petit garçon qui est entré dans la maison d'une vielle femme de 90 ans et l'a tué sauvagement. Il a nettement enlevé le cœur de la vielle femme et buvait le sang qui sortait du cœur, lorsque la police est arrivée.

Ceci est arrivé au pays d'un homme blanc et non an Afrique. Le garçon appartenait à une société satanique où on leur disait que pour devenir immortel, ils devraient boire le sang du cœur d'un autre mortel. C'est avec ce genre de gens que nous vivons maintenant. Mais pouvons-nous continuer à vivre dans leur milieu sans pouvoir ? vivre dans leur milieu sans puissance, c'est être renvoyé du travail sans aucune cause et sans aucune conséquence.

Le 19° chapitre du livre des Apôtres est un chapitre de la Bible très intéressant, les gens d'Ephese étaient intéressés par la sorcellerie, l'astrologie le démonisme et d'autres choses des ténèbres. Ce qui me rappelle le Nigeria d'aujourd'hui. Les jeunes hommes frottent leurs visages de toute sorte de poudre démoniaque. Beaucoup vont enterrer les choses dans le cimetière ou en ressortent d'autres de là pour les mettre dans leurs poches. Les gens sont enlevé (Kidnappé) et leurs organes coupé pour un usage fétichisme.

Il y des gens dans notre pays, au jour d'aujourd'hui, qui prennent quotidiennement le bain de sang. Il y en a qui parcourent le marché juste pour essayer leur pouvoir de vaudou sur ceux qui viennent au marché. Beaucoup de ceux que nous pensons qu'ils sont des innocents sont loin de l'être.

LE SERPENT DANS LA CENTRALE ELECTRIQUE

Un homme a pris sa propre femme et voulait l'utiliser pour faire le rituel pour de l'argent. La femme s'est arrangée pour s'échapper. Toutes ces choses se passent autour de nous quotidiennement.

Paul est arrivé à Ephese et il a prêché, prêché et prêché sans obtenir aucun résultat. Les gens d'Ephese ne trouvaient aucune raison pour laquelle ils devraient abandonner leurs propres dieux et leurs idoles pour suivre un homme de Galilée qui avait été crucifié seul : Il l'était avec des voleurs. Cependant, quelque chose s'est passée pour changer tout ceci. Cette chose est devenue le sujet de causerie de la ville :

Quelques exorcistes juifs ambulants essayèrent d'invoquer sur ceux qui avaient des esprits malins le nom du Seigneur Jésus, en disant : je vous conjure par Jésus que Paul prêche ! Ceux qui faisaient cela étaient sept fils de Scèva ,un juif, l'un des principaux sacrificateurs, l'esprit malin leur répondit : je connais Jésus et je sais qui est Paul ; mais vous qui êtes vous ? Et l'homme dans lequel était l'esprit malin s'élança sur eux, se rendit maître de tous deux, et les maltraita de telle sorte qu'ils s'enfuirent de cette maison nus et blessés. Cela fut connu de tous les juifs et de tous les Grecs qui demeuraient à Ephese, et la crainte s'empara d'eux tous, et le nom du Seigneur Jésus était glorifié. Plusieurs de ceux qui avaient cru venaient confesser et déclarer ce qu'ils avaient fait. Et un certain nombre de ceux qui avaient exercé les arts magiques ayant apporté leurs livres, les brulèrent devant tout le monde ; on en estima la valeur à cinquante mille pièces d'argent. C'est ainsi que la parole du Seigneur croissait en puissance et en force.
(Actes. 19 : 13-20)

Après que Paul ait prêché en vain pendant longtemps, un jour, les gens se sont levés pour faire face aux deux réalités puissantes : l'une ; celle du diable existant actuellement ; l'autre, que l'homme, Jésus prêché par Paul, avait le pouvoir sur le diable. Ces deux puissantes vérités les ont forcés à se tourner vers Jésus en grands nombres.

Beaucoup dans ce monde présent, attendent d'entendre la voix de Satan avant de bouger. Jésus n'est pas venu commencer une religion mais pour détruire les œuvres du diable (1Jean. 3 : 8) Nous devons savoir là où nous sommes, nous avons besoin de savoir qu'il y a des forces qui nous opposent, nous avons besoin de connaître les pouvoirs qui sont en opération et savoir aussi qu'à moins que nous ayons un pouvoir plus fort, ils continueront à nous mettre dans la servitude. Mais s'il y a un serpent dans votre centrale électrique, vous ne serez pas capable d'exercer le pouvoir que Dieu veut que vous exercer.

La Bible appelle Jésus le Roi des rois et le Seigneur des seigneurs. Qui sont les autres rois ? C'est vous et moi. Jésus est Rois, vous êtes le roi. Et sur qui sommes-nous rois ? Obligatoirement, pour que vous soyez un roi sous le Roi des rois, vous devez d'abord être roi sur votre chair. Il ne doit pas avoir de serpent dans votre centrale électrique. Paul disait mais je traite durement mon corps et je le tiens assujetti, de peur d'être moi-même rejeté, après avoir prêché aux autres. Pour que vous exerciez le pouvoir de Dieu, sept choses sont nécessaires. Ce sont des choses dont vous devez être libres et libérer aussi autres.

QUE FAIRE ?

Vous avez besoin de ces sept choses pour reprendre vos possessions. Les avoir vous permettront de regarder le diable droit dans les yeux et lui dicter ce que vous voulez ?

1. **VOUS DEVEZ ETRE NÉS DE NOUVEAU**
Ce qui n'est point négociable. Je peux rapidement ajouter à ce point que la majorité des gens qui viennent à l'église ne sont simplement pas nés de nouveau.

Beaucoup d'ouvriers dans l'église ne sont pas nés de nouveau. Beaucoup de pasteurs ne sont pas nés de nouveau. Beaucoup de gens qui proclament, œuvrer, pour Dieu ne connaissent pas le Dieu qu'ils proclament. Beaucoup de ceux qui vont pour proclamer leur "nouvelle naissance" sont, en faite, des "nés contre". Beaucoup se promènent déclarant qu'ils sont chrétiens, mais ils ne sentent point l'odeur du mot chrétien.

Ne déclarer pas être né de nouveau alors que vous continuez à dire des mensonges ? Comment un enfant de Dieu peut il danser toute la nuit à une soirée avec les enfants des ténèbres ? Comment pouvez-vous mettre une auto collant avec l'inscription "Attention Anges en surveillance" sur la porte de votre maison, pendant que vous commettez la fornication dans la même maison ? Cela signifie simplement que vous n'êtes pas nés de nouveau.

Beaucoup de travailleur dans l'église ne savent pas ce qu'ils font, cependant ils veulent le pouvoir de Dieu dans leurs vies. Avant de pouvoir obtenir ce pouvoir de Dieu, ce premier point doit être résolu. Vous devez n'être de nouveau. Les gens de la nouvelle naissance ne prononcent pas des malédictions sur les gens au hasard. Le fait qu'une personne fréquente les Ministères de M.F.M ne signifie pas qu'elle est née de nouveau. Nous avons beaucoup de choristes rebelles, les huissiers rebelles des enseignants de l'école du dimanche rebelles, etc. dans notre milieu.

Une fois vous êtes rebelles, cela veut dire que vous êtes un sorcier (1Samuel. 15 : 23). La Bible dire que la rébellion est aussi coupable d'iniquité que la sorcellerie. Donc, si vous êtes sorcière intérieurement et vous priez contre l'autre sorcière de dehors, ça ne marchera jamais. Vous pourrez mettre l'ennemi sous autorité seulement lorsque votre propre obéissance sera parfaite. Considérer cette question ! Etes-vous nés de nouveau ?

2. Mᴿ CHAIR DOIT MOURIR DANS VOTRE VIE
Lorsque le pouvoir de la chair règne sur vous, le pouvoir de Dieu ne peut pas descendre sur votre vie. Vous devez à tout moment désobéir l'instruction de la chair. Mr chair doit être tué et enterré.

3. Vous devez avoir une détermination sainte pour passer d'une brebis impuissante à un lion rugissant

LE SERPENT DANS LA CENTRALE ELECTRIQUE

4. Soyez dotés du pouvoir d'en haut
C'est ce que la Bible appelle le Saint Esprit. Si vous n'avez pas reçu le baptême du Saint Esprit, vous devez l'obtenir maintenant. Vous devez bouger dans ce pouvoir.

5. Vous devez contrôler votre langue.
Dieu n'utilise pas les bavards, ceux qui ont la langue facile. Lisez très bien votre Bible et vous remarquerez qu'en ces endroits où Dieu parlait, Ses mots étaient très peu. En fait, les instructions de Dieu sont en une syllabe "Va", "Assieds-toi", "Mange" etc. vous devez comprendre tout ceci pour pouvoir avoir Son pouvoir.

6. Vous devez savoir que le pouvoir est mesuré selon le niveau de crucifixion dans votre vie et votre niveau de foi.

7. La clé du pouvoir pour pouvoir changer toute pression sur votre vie en pouvoir, au lieu de permettre a une telle pression de vous abattre, ou devenir un expert à adorer votre problème.

Convertissez vos points de pression en point de pouvoir. J'ai un témoignage favori que j'ai plusieurs fois partagé. C'est au sujet d'un homme de Dieu qui est monté dans un autobus à Iddo se dirigeant vers Ikorodu. Dans cet autobus, l'apprenti a commencé à insulter un homme âgé. Ce dernier lui a alors promis de lui faire passer un moment dur quand ils arriveraient à Ikorodu.

Lorsqu'ils y sont arrivés à destination, l'homme âgé a mis sa main dans son "agbada" (grand boubou des hommes) et en a fait sorti une corne, l'a mis dans la bouche et a commencé a prononcer des incantations contre l'apprenti de l'autobus.

Par la suite, il a ordonné à l'apprenti d'ôter son pantalon. L'apprenti s'y est confirmé. Il a demandé davantage à celui-ci d'ôter sa chemise et son sous-corps et l'apprenti l'a fait. C'est à ce moment qu'un serviteur de Dieu a commencé à demander pardon à l'homme âgé, celui-ci s'est retourné en lui demandant qui l'avait introduit dans l'affaire.

Se sentant affronté, il a sorti à nouveau une corne fétiche et a maudit le serviteur de Dieu de la même manière. Puis, il a demandé à ce dernier d'ôter sa veste, mais l'homme de Dieu lui a répondu ; <<au nom de Jésus, je ne le ferai pas ainsi>> ce qui a surpris l'homme âgé, le serviteur de Dieu par la suite, s'est tourné vers l'apprenti en lui disant, "Au nom de Jésus, je t'ordonne de remettre tes habits maintenant" les gens qui les regardaient étaient choqués de voir, là devant leurs yeux, deux puissantes personnes se disputant dans la bataille. L'un rendait partiellement quelqu'un fou et l'autre renversait l'acte. Là, le serviteur de Dieu a prêché la parole de Dieu ; et la plupart de ceux qui étaient présent ont donné leur vie à Christ. La bonne nouvelle est que cette personne qui rendait l'apprenti fou est devenue un homme de Dieu.

LE SERPENT DANS LA CENTRALE ELECTRIQUE

La Bible dit "Tout ce que vous lierez sur la terre, sera lié au ciel", ce qui signifie que l'initiative commence là. Mais si le fait de lier ici n'est pas efficace, ou vous qui liez devriez l'être, les cieux ignoreront votre directive.

Nous devons faire descendre le pouvoir de Dieu dans notre vie pour que les sorcières et sorciers qui volent au dessus des concessions puissent culbuter et atterrir par force. Même si certains emmènent vos noms chez les féticheurs, leur action leur retournerait par le pouvoir de Dieu, sans que vous ne sachiez ce qu'ils font.

Mais s'il y a un serpent dans votre centrale, votre moteur tombera en panne, peu importe votre crie désespéré, vous devez d'abord tuer ce serpent dans la centrale électrique.

POINTS DE PRIERE

1. Tout serpent qui est entré dans ma centrale électrique, meurs, au nom de Jésus.
2. Pouvoir du Saint Esprit, lève-toi, viens sur ma vie, au nom de Jésus.
3. Tout pouvoir délégué pour renverser ma vie, meurs, au nom de Jésus.
4. Tout pouvoir programmant la tristesse dans ma destinée, meurs, au nom de Jésus.
5. Toi, pouvoir de la terre, écoute la parole du Dieu vivant, relâche ma vertu, au nom de Jésus.

VOTRE SODOME PRIVÉ

Toute mention de Sodome privé nous entrainerait dans trois passages les plus troublants de la Bible : " car il est impossible que ceux qui ont été une fois éclairés, qui ont goûté le don céleste, qui ont eu part au Saint Esprit, qui ont goûté la bonne parole de Dieu et les puissances du siècle à venir, et qui sont tombés, soient encore renouvelés et amenés à la repentance, puisqu'ils crucifient pour leur par le fils de Dieu et l'exposent à l'ignominie !! (Hébreux. 6 : 4-6)

" Car, si nous péchons volontairement après avoir reçu la connaissance de la vérité, il ne reste plus de sacrifice pour les péchés. Mais une attente terrible du jugement et l'ardeur d'un feu qui dévorera les rebelles. Celui qui a violé la loi de Moise, meurt sans miséricorde, sur la déposition de deux ou de trois témoins ; de quel pire châtiment pensez-vous que sera jugé digne celui qui aura foulé aux pieds le fils de Dieu, qui aura tenu pour profané le sang de l'alliance par lequel il a été sanctifié et qui aura outragé l'Esprit de la grâce ?" Hébreux 10 : 29

« Le cœur est tortueux par-dessus tout, et il est méchant : qui peut le connaître ? » Jérémie 17 : 9

Beaucoup d'hommes de Dieu ont lu, les écritures ci-dessus et par conséquent ont crié au Seigneur jour et nuit. Si vous les lisez avec compréhension, vous aussi crierez au Seigneur.

Ils décrivent l'horreur du péché. Une chose qu'ils disent tous en commun, c'est que une personne peut s'entrainer au niveau ou il n'y a aucune probabilité de récupération c'est que la

personne s'en est allée à jamais. Il criera et les gens se lamenteront avec lui, mais les cieux resteront silencieux sans aucun signe de salut pour lui.
Il est possible à un homme d'en arriver à ce point où la chance de récupération est zéro. Ce que nous dit le dernier passage ci-dessus est que le cœur est la racine de toute destruction. Ce qui montre clairement que le cœur peut vous faire rater votre destinée.

Malheureusement, la Bible est pleine d'exemples effrayants de ces gens qui ont très bien commencé mais ont fini tragiquement. Le saint livre peint réellement de terribles images de ceux qui ont gâché leurs vies et ont perdu leurs vies. Est-il possible de ne pas pouvoir profiter du meilleur de Dieu pour votre vie ? Une personne peut elle se priver de ce qui lui était destiné ? La Bible dit, oui, c'est possible. C'est a dire si vous ne vous occupez pas du contenu de votre cœur. Essaie a vendu son droit d'aînesse et a perdu sa destinée. Lot a choisi Sodome et a perdu son identité.

Moïse, l'homme béni de Dieu, a manqué la terre Promesse. Samson, l'homme fort, est devenu aveugle et a fini esclave. Saul a perdu sa royauté. Salomon s'est délabré dans la déception et le vide. En fait, le problème dont nous sommes maintenant témoins à Jérusalem peut être retracé à la vie de Salomon.

Lorsque David était sur le trône, qu'elle était cette personne qui refuserait de lui payer le tribut annuellement. En fin de compte, Salomon a pris la relève. Il n'avait pas de combats à mener ; tout lui avait été relayé sur un plateau d'or. Il n'a pas fait des efforts pour tout ce qu'il possédait.

Malheureusement, cela lui a donné la latitude de se marier à 700 femmes. Si leurs fiançailles étaient faites de la même manière que nous le faisons au Nigéria. Ce qui signifie que Salomon s'était fiancé 700 fois. Il avait aussi trois cent concubines. Tout ceci n'a fait qu'ajouter des troubles a sa vie.
Deux chrétiens du Nouveau Testament, Ananias et Saphira sont également partis de l'autel au feu de l'enfer. Israël se bat encore avec le même trouble maintenant.

Une fois, un prédicateur blanc de l'évangile a partagé quelque chose. Il a dit qu'une nuit, aux environs 3 heure du matin, son téléphone a sonné. Lorsqu'il a décroché le combiné il a entendu une voix criant : "Homme de Dieu, si vous ne venez pas tout de suite, je me tuerai ; je suis fatiguée de toute ce qui concerne ma vie ! La dame a continué à gémir jusqu'à ce que l'homme de Dieu fut ému de compassion et lui a demandé son adresse pour qu'il puisse y aller et prier avec elle. Au milieu des larmes la dame a balbutié l'adresse. L'homme de Dieu s'est levé, s'est habillé mais comme il était sur le point de sortir, a la porte le Saint Esprit lui a dit ; "Fils, prends avec toi ton pasteur assistant". Ayant saisi ce conseil, il est allé chercher son assistant quelque part dans la ville.

Ils se sont précipités chez la femme. Quand sont arrivés, ils ont frappé à la porte et la dame est venue ouvrir la porte presque à nue. Lorsqu'elle a maintenant vu que le pasteur était venu avec une autre personne, elle a claqué la porte sur leurs visages.
L'évangéliste blanc a dit que lorsqu'ils retournaient à leurs

voitures, le pasteur assistant qui l'avait suivi, a commencé à dire, "Gloire à Dieu, Gloire à Dieu". Et se retournant vers l'homme de Dieu, il a dit que si il était venu seul pour rencontrer la dame et l'avait vu nue, que ce serait-il passé !

Bien aimés, lorsque chacun de nous rencontrera son Bath-Sebha un de ces jours, c'est notre cœur qui décidera de ce qui nous arrivera. plus tard, le pasteur a dit à son assistant, "Fils, tu a encore du travail à faire dans le laboratoire de ton cœur" vu de surface, nous paraissons tout à fait innocent, mais quand la lumière du Saint Esprit commencera à faire sortir ce que chacun de nous a dans le cœur, certains s'enfuiraient à plusieurs kilomètres avant de s'arrêter et de retourner. C'est pourquoi 1Samuel. 16 : 7 dit quelque chose de très révélatrice sur l'Eternel des armées :

« Et l'eternel dit à Samuel : Ne prends point garde à son apparence et à la hauteur de sa taille, car je l'ai rejeté. L'Eternel ne considère pas ce que l'homme considère ; l'homme regarde à ce qui frappe les yeux, mais l'Eternel regarde au cœur. » Selon l'écriture ci-dessus, lorsque Samuel a voulu consacrer Eliab, le frère de David, comme roi, l'Eternel a trouvé qu'il ne convenait pas, non, pas à cause de son apparence, qui était correcte mais à cause de l'état de son cœur. Vous pouvez regarder une personne et voir la sainteté écrite partout sur lui. Son visage peut paraître moralisateur et angélique mais le Seigneur peut ne pas être intéressé en tout ; Il regarde a ce qui ce se passe dans le cœur. Il a été bien dit que lorsque Dieu veut mesurer un homme ; Il met son magnétophone près de son cœur, et pas autour de sa tête ou sa taille.

Tout le monde peut regarder et dire, oh là ! C'est une merveilleuse sœur, "mais cette sœur, seule, sait ce qu'elle fait au coin de sa chambre. Elle seule sait le genre de pensées terribles, mauvaises et convoiteuses qu'elle élabore dans son cœur. Elle est la seule à savoir la manière dont son cœur voyage partout et avale des poisons maléfiques. La scène intérieure qui se passe dans le cœur est ce qui détermine l'histoire de l'homme.

Tout ce que vous voyez dans le livre d'histoire, prend place premièrement dans le cœur de l'homme. Les gens peuvent souvent tenir des réunions de paix, mais aucune réunion des être humains ne peut arrêter les guerres, aussi longtemps que la guerre se présente comme , "l'esprit" réside dans le cœur de l'homme. Ce qui est très triste.

Beaucoup de gens continuent à rater leurs destins jour et nuit et meurent avant leur temps. Beaucoup de chrétiens deviennent confus jour et nuit.
Certains qui sont nés de nouveau depuis des années ne savent même pas où aller. D'autres sont si confus qu'ils ne savent que faire.
Par conséquent, pour changer de caractère, vous devez commencer par le centre de contrôle ; qui est le cœur. Aussi longtemps que votre cœur continue d'aller dans la bonne

direction vous n'avez pas à vous inquiéter de vos pieds. Ils suivront cette même direction. Mais si votre cœur va dans la même direction, vos pieds ne pourront pas décider d'aller ailleurs. La paix que nous gagnons tous n'est pas écrite dans des documents, mais dans le cœur de l'homme.

Le mariage n'est pas que l'anneau de mariage ou le certificat. Beaucoup ont leurs certificats de mariage encadrés sur le mur de leurs maisons tandis que ragent dans leurs cœurs, des guerres terribles. Quelque soit ce qui est dans le puits de votre cœur, se manifestera dans le seau de votre parole et votre action. Vous devez traiter ces choses, bien-aimés, Dieu dit, " Donnez-moi votre cœur et je prendrai soin de tout autre chose."

Une nuit, un homme a sérieusement prié pour savoir où il en était dans le Seigneur et s'est endormi. Dans son sommeil, il a fait un rêve dans lequel il s'était retrouvé dans les cieux. Un ange portant un gros livre d'or l'avait accueilli. Il a demandé à l'ange. " Quel livre est-ce ? L'ange a répondu, C'est le livre de votre vie"

Il a demandé à lire le livre et l'ange joyeusement le lui a tendu. Lorsqu'il a ouvert la première page, il ne pouvait pas comprendre tout ce qui était écrit. Il a cherché l'assistance de l'ange et ce dernier lui a expliqué que tout ce qui était écrit sur la première page était ses mauvais actes. " Tu peux voir qu'ils sont nombreux a dit l'ange. Lorsqu'il a ouvert la seconde page, le texte était plus petit et plus compact.

Lorsqu'il a demandé ce que représentait le texte, l'ange de Dieu lui a répondu que c'était ses mauvaises paroles, et qu'il pouvait remarquer qu'elles étaient plus nombreuses que ses mauvais actes. Car un homme parle plus qu'il n'agit. A ce stade l'homme a commencé à trembler. Lorsque l'ange lui a demandé à nouveau s'il aimerait voir la troisième page, il a dit oui et ils l'ont ouvert.

A ce moment, avec une voix tremblante, il à demandé à être emmené à la quatrième page et l'ange l'a ouvert. Celle-ci était sombre comme minuit. Lorsqu'il a encore posé une question à l'ange sur ce qu'elle représentait, l'ange lui a dit, " ceci représente, ton mauvais cœur. Car c'est de votre cœur sombre et mauvais que sortent toutes vos pensées, vos paroles, vos actes. L'homme s'est soudainement réveillé et a commencé à prier Dieu pour renverser l'autel maléfique dans son cœur.

On disait que Sodome était comme le jardin d'Eden. Sodome et Gomorrhe étaient très proches l'un et l'autre. Dans la Bible, Sodome était connu pour la méchanceté, la rébellion contre Dieu, l'immoralité sexuelle, la confusion, la désobéissance, les insultes à Dieu, la corruption personnelle et collective, l'hypocrisie, la moquerie à la vérité, le blasphème, la vantardise et l'alcoolisme.

Beaucoup parmi nous devrions-nous occuper de notre Sodome privé qui est dans notre cœur. Si vous déshabiller une femme dans le laboratoire de votre cœur, ou déshabiller un homme ; la Bible vous appelle un fornicateur ou adultère ; vous pouvez être un violeur. O oui, tout juste là, dans le laboratoire de votre cœur. La Bible dit que s'il y a des pensées de colère et de haine dans votre cœur, vous êtes des meurtriers. C'est pourquoi lorsque Dieu juge le péché, Il juge vos intentions, vos principes, vos motives votre processus de pensée, le secret subsistant dans votre cœur. C'est pourquoi le jugement de Dieu va être très intéressant.

Beaucoup de ces gens que vous appelez pères dans le Seigneur ou mères dans le Seigneur ne seront pas trouvés au ciel. Vous serez surpris de trouver la plupart très loin du ciel. Certaines des chansons que chantent les gens, ici sur la terre, ils les chanteront dans le feu de l'enfer, mais maintenant c'est avec une musique différente, à moins qu'ils permettent au Seigneur de s'occuper du laboratoire de leurs cœurs.

Selon ma propre expérience en tant qu'un serviteur de Dieu, j'ai trouvé qu'il y a cinq situations ou lieux où les gens prient très bien et écoutent très attentivement. La colonie des lépreux.

Quand vous prêchez dans une colonie de lépreux, vous aurez toujours une audience attentive. La classe de ces gens-là n'a rien à perdre à nouveau. Leurs pieds et leurs mains sont déjà inutiles et ont été jetés hors de la ville, ils sont devenus des rejetés sociaux.

La cour de prison : Lorsque vous allez à la prison et regardez la cellule de M.F.M, vous verrez le feu en démonstration. Dans la prison, les détenus écoutent très bien avec attention.

Les gens dans rang de la mort : Lorsque vous apportez la parole de Dieu aux gens qui ont été condamnés à mort, ils écoutent attentivement.

Le cimetière : Il y a toujours un silence de mort quand un homme de Dieu y prêche.

Le lit de mort : Lorsqu'un homme a une maladie en phase terminale, comme souffrance du SIDA, il écoutera avec attention, puisqu'à ce moment la tablette du cœur ne peut plus jouer aux jeux.

Il y a quelques années, au cours d'un match de football ; après avoir joué tout le temps donné du match sans but, les joueurs entrent dans le temps de prolongation mais il n'y avait toujours pas de but. Mais juste une minute avant la fin du match, quelqu'un avait touché le ballon dans la surface du penalty. Ce qui a apporté un grand cri dans le stade. La tension s'est levée très fortement et la tension s'est tournée vers le gardien, mais la sympathie et les meilleurs vœux ressentis pas certaines personnes n'étaient pas partagés par les supporters du côté qui allait subir le tire du penalty. Le ballon était placé à l'emplacement du point de penalty. L'arbitre a demandé au gardien de but de prendre sa position et a mis son sifflet sur les lèvres. Mais dès qu'il était sur le point de siffler avec son sifflet, il s'est effondré sur la pelouse. Le personnel médical s'est précipité sur le terrain et après l'avoir examiner pendant un moment ils ont fait des signes de mains d'une manière qui montre que l'entraîneur ne vivait plus. C'était la fin du match.

Les cris et les acclamations ont diminué. Les gens sont retournés découragés, ils avaient vu la réalité de la vie. La mort n'averti personne, mais si le laboratoire de votre cœur est sale, vous quitterez d'où vous êtes vers là où Dieu ne veut pas que vous alliez. Sa serait dommage qu'après avoir lu ce message, vous ne permettez pas à l'épée du Saint Esprit de circonscrire votre cœur. Il serait très désastreux si après avoir pris connaissance de ce message, Dieu regarde encore et dit. " Celui-là pue dans mon nez ; il n'est pas sérieux, Je cherche des gens sérieux" ce serait un désastre découvert si après avoir lu ce rédigé ; Dieu demande que vous soyez enlevé pour qu'une autre personne exécute votre mission.

Ce n'est pas étonnant que le Psalmiste dise : « Que les paroles de mon cœur et les méditations de mon cœur te soient agréables au Seigneur »
Cette parole signifie qu'il y a certaines méditations du cœur qui ne sont pas acceptable à Dieu ; qu'il y a donc certaines méditations du cœur qui sont des abominations au Roi de rois et au Seigneur des seigneurs.

Bien-aimés, je remercie Dieu pour une grâce qu'il m'a accordée, je ne joue pas avec ma vie. Les autres peuvent se le permettre mais pas moi, comme je l'ai plutôt dis , quand je parle d'attaquer nos racines, je viens d'une famille très pauvre. Dès que je suis entré à l'école secondaire, j'avais ce maître indou qui ne cessait de dire, si nous étions vraiment sérieux sur le fait de tuer la pauvreté, nous ferions mieux d'étudier dur.

Depuis ce temps, et même plus tard, je n'ai jamais voulu jouer avec ma vie, j'ai exclu les activités sportives, les petites amies et les gaspillages de temps de n'importe qu'elle manière. Je me suis donnée à une sérieuse lecture.
Je ne plaisante pas avec la question de vie et de mort. Je ne veux pas aller dans le feu de l'enfer. Je planifie et tente d'aller au ciel.

Si depuis longtemps, vous avez été un chrétien, vous devriez avoir découvert que, chaque fois que quelqu'un meurt, le genre de musique joué dans cet enterrement est mélancolique. Ce qui s'est simplement comme un point au fait que la mort peut évidemment, être le commencement de la souffrance pour beaucoup de gens. Je me demande si vous avez été auparavant à une morgue.

Il y a plusieurs choses que vous remarqueriez en entrant dans une morgue.
La première des choses est l'odeur de la mort. La deuxième des choses est les gens avec des corps nus. Vous n'auriez jamais vu les corps nus de ces gens (morts) quand ils étaient en vie. La troisième des choses que vous verrez c'est le manque de respect pour l'âge, aligné cote à cote, à la fois le jeune et vieillard. La quatrième des choses remarquable est le nombre inferieur de personnes âgées. On peut compter parmi 20 corps, juste un avec la chevelure grise. La cinquième des choses à voir c'est que la plupart des corps sont ceux des gens qui ont été tué dans la fleur de l'âge. La sixième observation est qu'à la fois le

riche et le pauvre sont couchés cote à cote. La septième des choses est que tout l'orgueil, les positions et les dignités des gens sont oubliés dans cet état sans secours et pour clore tout ceci, des gardiens de place modeste contrôle l'emplacement de chacun de ces corps et comment. La huitième des choses qu'on remarque est la vanité et l'inutilité de cette vie temporaire. Il n'y a que deux destinations au-delà du tombeau-cieux et l'enfer. Il y a plus à vivre que la richesse, l'âge, l'argent, la popularité, le mariage, les habits etc. plus que toute autre personne, Jésus nous a parlé de l'enfer, il est important de savoir que ces habits que vous cousez maintenant ne seront pas portés dans l'éternité, il est aussi important pour vous de savoir que si vous vivez mal et vous mourrez mal, vous ne pourrez pas aller au ciel.

Par conséquent, vous devriez vous posez cette question : cette chose que je fais maintenant, quelle quantité d'éternité s'y trouve ? Ce que cela signifie est que la plus grande affaire de la vie est de se préparer pour la prochaine vie. Votre futur a été acheté par le présent, vous ne pouvez pas marcher avec Dieu et courir avec le diable. Et si, entant que chrétiens, nous désirons aller au ciel, nous devons vivre comme si Christ était mort hier, et ressuscité aujourd'hui et revient demain. C'est ainsi que nous devrions vivre nos vies. Vous remarquerez que partout dans le monde, les morts sont toujours séparés des vivants. Dans la plupart des pays, les cimetières sont très éloignés de la ville où vivent les gens. Il en est de même pour les hommes morts spirituellement, ils seront séparés de Dieu jusqu'à ce qu'ils trouvent Dieu.

Ces choses maléfiques défilent dans votre cœur, la convoitise et l'orgueil du cœur, du péché est la honte. Le salaire du péché est la mort. Une fois que votre cœur vit dans le péché, ce qu'il fait est de défier la justice de Dieu. Aussi longtemps que votre cœur vit dans le péché, il insulte l'amour de Dieu ; il attaque la sainteté de Dieu ; il se moque du pouvoir de Dieu. Ce péché que vous gardez habilement toutes les pensées maléfiques habilement conçues et tout le mal que vous pratiquez dans votre chambre, ne feront qu'une chose de vous : vous empêchez d'atteindre votre destinée et envoyez dans le feu de l'enfer, à moins que vous ne les traitiez.

Vous avez besoin de crier au Seigneur comme le Psalmiste l'a fait : "crée en moi un cœur nouveau, retour à ton lieu de repos, o mon âme"

Ce qu'une personne a besoin pour aller en enfer est de ne rien faire.

Tout le monde a assez fait pour y aller. Votre cœur est la seule chose avec laquelle Dieu va traiter, vous devez le traiter aussi. Le père du péché est le diable. Le compagnon du péché c'est la honte, les menaces du péché. Une fois que votre cœur vit dans le péché, cela veut dire qu'il défit la justice de Dieu. Aussi longtemps que votre cœur vivra dans le péché, c'est insulter l'amour de Dieu, c'est mépriser la sainteté de Dieu, c'est se moquer du pouvoir de Dieu.

Ce péché que vous gardez intelligemment dans votre cœur n'est pas un chien dormant a qui il est permis de mentir. Si vous ne l'attaquez pas, chaque fois que vous vous réveillerai, il entrera en rage . Tout ce dont vous avez besoin, n'est qu'une petite tentation et vous allez culbuter .

Le péché peut pousser Dieu à retirer son arche de votre silo. Ce qui signifie que Sa gloire peut quitter votre vie. Il est préférable de mourir que de vivre une vie de mensonge et de fausseté. Les péchés secrets enverront des chrétiens dans le feu de l'enfer, à moins qu'ils ne se repentent. Les péchés secrets sont très dangereux. Lorsque vous les retenez dans votre vie, ils vous tueront progressivement. Une seule termite peut abimer tout un vêtement, une épingle peut tuer comme un fusil. Une fuite dans un bateau peut faire sombrer tout le bateau. Les péchés secrets dans votre vie vous traîneront au feu de l'enfer. Ils sont plus dangereux que les secrets découverts : ils sont comme quelqu'un qui couvre sa maladie extérieure pendant qu'il saigne à l'extérieur.

Toute chose dans votre cœur est connue de Dieu et de vous. Il est temps d'aller dans la chambre de votre cœur ; c'est le moment de mettre pêle-mêle tous ces placards dans nos cœurs. Là, vous y trouverez tout le bric-à-brac et les ordures avec lesquels votre âme vivait. Là, vous trouverez la nourriture sale et secrète dont votre cœur se nourrissait. Vous commencerez à y localiser le ver à la racine de l'arbre qui gâtera le fruit. C'est une tragédie satanique de permettre aux petits péchés de vous entraîner dans énormes péchés. Les péchés dans le cœur de l'homme l'ont dénigré et l'ont rendu en une bête. Votre péché ne peut pas faire de bruit, mais un jour il sera explosé. Tout ce que fait l'homme maintenant n'est autre de commettre les vieux péchés dans de nouvelles voies. Le péché dans votre cœur est comme judas, il vous embrassera et ensuite vous tuera,- il vous saluera puis vous massacrera. Il endurcira votre cœur, il est préférable de mourir en prison ou dans un cachot que de mourir dans votre péché.

Tous ces amis dont vous avez peur et que vous ne voulez pas quitter, après qu'ils s'en seront allés, votre péché vous suivra, ira s'asseoir au siège du jugement pour vous y accuser. Votre péché ira en enfer avec vous pour être celui qui vous tourmentera. Si vous êtes enfants de Dieu, je veux que vous sachiez que les péchés des enfants de Dieu touchent son cœur plus les péchés des autres. Dieu a regardé David et avec amertume lui a dit, par cet acte, tu as donné l'occasion à l'ennemi de blasphémer pour cela l'épée ne s'éloignera pas de ta maison . Si vous laissez le péché sans le défier dans votre cœur, vous y retournerez à nouveau. Ainsi, qu'elle est la conclusion dans ce cas ? Ne ménager point votre mauvais cœur, et il ne vous ménagera pas. Le péché est un meurtrier, donc tuez le avant qu'il ne vous tue.

Le feu de l'enfer est devenu l'adresse permanente de beaucoup de grands hommes, de stars de film et de politiciens. Beaucoup de grands dirigeants dans l'histoire sont dans le feu de l'enfer. On peut leurs offrir des funérailles majestueux et ériger des monuments en leur honneur, mais ceci ne les rend pas invalides du fait qu'ils sont en enfer. Tous ces hommages élogieux que nous leur payons, ne changeront rien. C'est triste qu'au feu de l'enfer il va y avoir un appel de gens célèbres à moins qu'ils tuent les péchés dans leurs cœurs et démantèlent leur personnel Sodome.

LE SERPENT DANS LA CENTRALE ELECTRIQUE

Un garçon regardait un poisson, il a mis un appât à son hameçon et l'a jeté dans l'eau, chaque fois qu'il pêchait, un homme particulier passait là. Il saluait le garçon et lui demandait comment il allait : Et le garçon répondait que les poissons mordaient à l'hameçon. Cependant, un jour où l'homme passait par là, et demandait au garçon comment allaient les poissons, il donnait une réponse négative. "Les poissons ne mordent point, seule, les vers mordent" Tandis que l'homme partait, il se demandait ce que le garçon voulait dire. Après avoir remué la question plusieurs fois dans son cœur il est retourné où le garçon pêchait. En y arrivant, le garçon était mort.

Voici ce qui est arrivé : pendant qu'il cherchait les vers, le garçon à son insu avait rassemblé des petits serpents. Lorsqu'il disait que les poissons n'avaient pas mordu mais les vers, il signifiait que les serpents avaient mordu ses mains. C'est ce que le péché fait à quiconque joue avec ça.

selon Essaie. 5 : 11-14. Malheur à ceux qui de bon matin courent après les boissons enivrantes, Et qui bien avant dans la nuit, son échauffés par le vin. La harpe et le luth, le tambourin, la flûte et le vin animent leurs festins ; Mais ils ne prennent point garde à l'œuvre de l'Eternel, et ils ne voient point le travail de ses mains. C'est pourquoi mon peuple sera soudain emmené captif ! Sa noblesse mourra de la faim, Et sa multitude sera desséchée par la soif. C'est pourquoi le séjour des morts ouvre sa bouche, élargit sa gueule outre mesure ; Alors descendent la magnificence et la richesse de Sion, et sa foule bruyante et joyeuse.

Il y a plusieurs années un frère est allé pour prêcher au Cameroun, il le faisait en anglais pendant que son interprète traduisait en langue vernaculaire, comme il continuait à prêcher, il remarqua que le visage des membres de l'assemblée devenait de plus en plus tendu et hostile. Il ne comprenait pas ce qui arrivait.

A ce moment, il arrêta le message et demanda quel était le problème. Une personne qui comprenait l'anglais se leva et dit, "Votre interprète adapte parfaitement toute chose que vous dites là. Il est le premier coupable, nous le connaissons dans l'église, c'est pourquoi nous nous agitons pendant que vous prêchiez." Ce jour là, le péché de ce frère l'a démasqué. Peut-être que vous êtes une femme mariée qui continue à convoiter les autres hommes, ou vous êtes un homme marié dont les yeux sont avec instance sur le corps des autres femmes. Peut-être que vous paraissez innocents mais votre cœur est celui du vol. Il est sale, troublé et puant. où pensez-vous aller avec un tel cœur ? Pensez-vous que le Seigneur va vous tapoter dans le dos et dire : "**bon travail**". Vous avez besoin de confesser vos péchés au Seigneur. Dites au Seigneur chaque fois que votre cœur flanche, ou s'égare.

A propos de toutes ces choses, vous n'êtes pas supposés vous tracasser mais ceux dont vous devez penser demandez au Seigneur d'envoyer Son feu dans votre cœur et de le nettoyer proprement par son feu. Demandez-Lui de laver proprement votre cœur avec le sang de Jésus, aujourd'hui, demandez-Lui de vous aider et qu'à la fin vous ne soyez pas rejeté. Parlez au

LE SERPENT DANS LA CENTRALE ELECTRIQUE

Seigneur de l'état de votre cœur. Il est dangereux de se tromper, soyez spécifique au Seigneur. Dites-Lui ces genres de choses auxquels vous avez pensées, et dont vous ne deviez pas faire en tant que chrétien. Jeune homme, vous masturbez-vous ? Quelque chose ne va pas dans votre cœur ? Jeune femme, êtes-vous convoiteuse ? Prenez-vous toujours l'argent où vous êtes supposés ne pas le faire ? Quelque chose ne va pas dans votre cœur ? Votre cœur erre-t-il pendant les prières ? Quelque chose ne va pas dans votre cœur. Dites-vous facilement le mensonge ? Quelque chose ne tourne pas rond, dans votre cœur. Remarquez-vous que malgré tous vos efforts pour que Dieu vous utilise, Il a refusé de le faire ? C'est parce que le laboratoire de votre cœur est sale. Vous devez invoquer Dieu. Le Seigneur Jésus-Christ a versé Son sang pour que vous puissiez vivre. Ne permettez pas à Sa mort d'être en vain, traiter le péché avant qu'il ne vous affronte. Lorsque Dieu refuse de vous utiliser en dépit de vos cris quotidiens envers Lui, la seule signification est qu'il y a un Sodome et Gomorrhe dans votre cœur. Dieu voit la saleté de cœur. Pourquoi vous, un chrétien, entretenez-vous les mauvaises pensées ? Pourquoi vos pensées seraient-elles une honte aux cieux ? Pourquoi permettez-vous à l'ennemi de se moquer de vous, parce qu'en ce qui concerne votre cœur, il voit que votre cœur lui appartient. Vous pouvez être habillés selon la volonté de Dieu et parler aussi selon sa volonté, tandis que votre cœur a été éloigné de Lui.

Lorsque votre cœur erre pendant les prières, où va-t-il ? Quelque chose ne va pas en lui. Vous avez besoin de crier au Seigneur, avec des larmes pour vous en sortir.

POINTS DE PRIERE

1. Tout pouvoir qui trouble ma destinée, sois brisé, au nom de Jésus.

2. Tout pouvoir qui dit que je ne réussirai pas, qu'attends-tu ? meurs, au nom de Jésus.

3. Où est le Seigneur Dieu d'Elie ? lève-toi ! manifeste ton pouvoir dans ma vie, au nom de Jésus.

4. Tout autel des ténèbres dans mon cœur, brise-toi, au nom de Jésus.

5. Tout serpent de péché dans mon cœur, relâche-moi et meurs, au nom de Jésus.

6. Sang de Jésus, nettoie mon cœur, au nom de Jésus.

BIEN QUE LA MAIN DANS LA MAIN

Certes, le méchant ne restera pas impuni, mais la postérité des justes sera sauvée. Prov 11 :21

Il est important que ce message soit bien compris puisqu'il touche la racine des problèmes de l'homme. Certes main dans la main signifie que quelque sois, la solidité de la coopération du méchant, quelque sois leur ruse, leur intelligence, leur hardiesse, peu importe qu'ils conçoivent habilement, quelque soit le mur qu'ils construisent, quelque soit leur technique de cachette, peu importe le genre de réunion qu'ils tiennent, peu importe leur accord de ne pas révéler les secrets des uns des autres. Le méchant ne restera pas impuni.

Toute fois que le péché est sur le siège de conduite, vous pouvez être à 100 pour cent sure que la honte est sur le siège arrière. Lorsque le péché est le chauffeur dans votre vie, quelque soit le temps qu'il prendra, la honte au siège arrière prendra le dessus.

UN MEURTRE ETRANGE

Le pire ennemi que nous avons est notre cœur plein de péché poussé pas Mr. Chair.

Un couple avait un seul fils. Quand ce dernier a vu que la pauvreté de la famille était trop, il a décidé de partir pour travailler sur une terre étrangère pour être en mesure d'aider ses parents. Le fils n'était revenu après 20 ans. A ce moment, il était très riche et a acheté beaucoup de choses pour ses vieux parents. Comme il avait quitté la maison depuis longtemps, il ne pouvait plus se souvenir de l'adresse de ses parents. Cependant en traversant le village, quelqu'un l'a chaleureusement salué. Puis, il a continué à errer dans le village à la recherche de la maison de ses parents. Lorsque ces efforts semblaient en vain, il a frappé à une certaine porte et un couple est sorti pour répondre à l'appel. Ce couple était évidemment ses parents bien qu'ils ne pouvaient pas le reconnaitre encore lui, les a reconnus immédiatement. Mais il a caché son identité.

Le couple lui a souhaité la bienvenue, lui a donné de la nourriture et une chambre pour dormir jusqu'au jour suivant pour qu'il continue la recherche de ses parents. Il riait doucement en lui. Il a mis tout ce qu'il a acheté avec lui en dessous du lit dans un coin de la chambre. Pendant la nuit le couple n'arrivait pas à dormir. Le couple est allé au lit cette nuit ne pouvant pas dormir. Ils ont planifié tuer le jeune et prendre ses biens. Ceci est-il une voie de Dieu pour rendre prospère ? Ils ont réfléchis et tué le jeune dans la nuit.

Le lendemain matin, un villageois est venu pour frapper à la porte, alors le couple a ouvert la porte, il les a félicités du retour de leur fils." Je l'ai vu hier, je suis venu donc le saluer ce matin, a-t-il dit. C'est alors qu'il est venu tout à l'esprit du couple qu'ils avaient tué leur propre fils.

DES CONSEQUENCES INEVITABLES

Il n'y a aucun péché qu'on commet que Dieu ne pardonne facilement. Il vous pardonnera, mais vous devez subir les conséquences qui y sont liées, quoique vous fassiez. Vous saviez tout à fait que quelque chose était mauvaise et tout à fait non chrétien, mais vous vous êtes engager et l'avez fait. Quoi qu'en soit, ayez a l'esprit que vous avez attiré des conséquences. Si maintenant vous planifiez de commettre un péché particulier, vous avez tout à fait la liberté de le faire. Mais, comme il est écrit en Apocalypse qu'après avoir parcouru toute la Bible et vous décidez encore de vivre dans le péché. <<Voici, j'arrive immédiatement et ma récompense est avec moi. >> Les cheveux de Samson ont poussé à nouveau après qu'ils aient été rasés, mais il n'a jamais recouvert sa vue. Abraham s'est pressé d'avoir Ismaël mais nous continuons à subir les conséquences aujourd'hui. C'est malheureux qu'on ait à vivre de quelques unes des conséquences du péché, toute notre vie. Ainsi la manière dont vous menez aujourd'hui votre vie, est un fondement pour votre futur et pour votre prospérité. Les conséquences de votre péché vous rattraperont et aussi votre prospérité. C'est pour cette raison que vous devez être très prudent.

Lorsque Guehazi allait pour récupérer l'argent avec Naman, s'il avait su que cet acte allait affecter sa prospérité, il aurait arrêté cet acte. Il a planté une semence maléfique pour sa postérité.

A l'époque ou j'étais a l'école secondaire, il y avait quelque chose qu'on appelait "Le livre noir" si le nom d'un étudiant s'y trouvait, comme le directeur avait pour habitude de nous dire, alors sa lettre de recommandation en fin d'études serait tellement mauvaise qu'il devra l'abandonner.

Un jour, dans une autre école, l'un des étudiants a frappé avec un couteau sur un autre étudiant. Le cas avait été reporté à notre proviseur, il a écrit le nom de l'étudiant dans le livre noir. De plus, le proviseur a pris le couteau, y a séché le sang et gardé aussi le couteau, dans le livre noir. Puis, il s'est tourné vers le coupable et a dit, tu as utilisé ce couteau sur ton camarade du nom de Sogbetu. Sache que le sang de Sogbetu est dans ton dossier. Nous pensions que c'était une plaisanterie et nous avions ri.

Eventuellement ce même étudiant a voyagé pour les Etats-Unis où à un moment, il postulait pour un important poste. Son ancienne école au Nigeria, avait été contactée pour une lettre de recommandation concernant son caractère. Le proviseur a répondu et dit que l'individu a le sang de Sogbetu dans son dossier, cette révélation a mis une fin au rêve de l'individu aux Etats-Unis. C'était aussi simple que ça : tout péché vous rattrapera.

Si vous pensez être rusés, soyez sûrs que vous ne pouvez pas être plus rusé que votre péché, évidemment il vous rattrapera. Il y a des injustices qui peuvent être corrigés. Par exemple, lorsqu'une personne vole l'argent d'une autre ; il est facile de faire une restitution. Dans ce cas, la punition individuelle est limitée car le mal a été corrigé. Mais, il est certain qu'il y a des péchés qui ne peuvent pas être corrigés. Le pardon ne libère pas de la responsabilité. David a commis le péché d'immoralité sexuel, la tromperie et le meurtre. Les conséquences sont venues en différentes formes ; son propre fils a violé sa fille et son autre fils, Absalom, a couché avec ses femmes sur le toit ! Maintenant, David a tué Urie mais il a perdu trois enfants. Conséquences maléfiques !

Si vous ne voulez pas que vos enfants deviennent des voleurs a main armés, ne les éduquez pas avec l'argent voler. Si vous ne voulez pas que vos enfants aient des foyers brisés, ne battez pas leur mère devant eux comme une carrosserie. Si vous ne voulez pas que vos enfants s'engagent dans la drogue, ne vous engagez pas dans les affaires de drogue. Si vous ne voulez pas que quelqu'un abuse de votre propre fille, n'abusez pas de la fille de quelqu'un autre.

J'étais un professeur dans une école secondaire pendant des années. A un moment j'étais choisi comme un membre du conseil de discipline des professeurs. Je ne pouvais réellement comprendre pourquoi j'étais dans ce comité car j'étais le plus jeune professeur dans toute l'école. Peut être, c'est parce que étant un chrétien, je devais toujours dire la vérité. À un moment, un enseignant était pris commettant la fornication avec une étudiante. L'enseignant était devant le conseil, accusé d'immoralité. Le vice directeur était à la tête du conseil de disciple. Après que le professeur ait été reconnu coupable, le vice directeur à commencer à dire quelque chose comme : "Bien, cette chose dont on a parlé ici, nous le faisons tous ; la chose est : quand ces étudiants refusent, nous ne devrions pas les forcer" A cette parole stupide, mon sang est entré en éruption et je me suis tenu debout, j'ai sorti ma Bible de mon sac, je l'ai ouvert et j'ai lu ce verset qui dit, "Aucun méchant ne s'en ira impuni" Puis, je me suis tourné vers le vice directeur en disant, "vous êtes ici pour être un berger pour ces enfants et vous avez vos propre enfants aussi; maintenant quelqu'un a abusé de l'enfant d'une autre personne, et comme vice directeur, c'est tout ce que vous pouvez dire, soyez sûr que votre péché vous rattrapera.

C'était comme si ce que j'ai dis était une prophétie. J'ai rencontré tous ces gens un a un plus tard dans la vie. Celui qui n'était pas fou parmi eux a souffert de paralysie. Ils étaient tous affligés d'une terrible maladie ou autre. C'est dans l'habitude de gens de crier *"Sang de Jésus"* mais il ne couvre les conséquences d'aucun péché ; il ôte seulement la condamnation. La seule chose qui peut éliminer les conséquences du péché est la grâce de Dieu. Mais le problème avec la grâce de Dieu est comme le dit la Bible : "J'aurai compassion de qui je veux avoir compassion" Ce qui signifie que cette grâce n'est pas garantie. Ceci doit être bien compris.

Une chose dont nous avons besoin de comprendre est que le péché est le succès en rien. C'est une idiotie infligée à soi. Elle invite la mort et obscurcit l'âme. En fait, le péché parfois peut venir comme un ami, mais plus il demeure en vous, le moins vous vous y inquièterez. En effet, vous devenez endurcis. Vous savez que lorsque vous attrapez une grenouille et la jetez dans l'eau bouillante, elle en sautera. Mais quand vous la mettez dans l'eau froide et posez la bouilloire sur le feu et commencez à la chauffer, la grenouille n'en sautera pas ; elle y demeurera pour jouir de la chaleur jusqu'à ce qu'elle soit bouillie à mort.

C'est de cette manière que le péché fonctionne. Les pécheurs grandissent en jouissant du péché jusqu'à ce qu'il les cause des troubles. Une seule fuite dans le bateau est assez pour le sombrer. Un péché peut détruire totalement une personne. Ne vous comparez pas aux autres personnes, votre vie et votre destinée sont différents de toute autre personne. Ce qu'une personne se permet peut causer votre chute. Il y a quelques années, quelqu'un a acheté une nouvelle voiture et a voulu l'amener vers quelqu'un à Ibadan. L'homme qui nous a emmenés dans sa voiture, était le genre d'automobiliste qui hait de voire tout autre véhicule le dépasser. Il a continué à dépasser tous les véhicules. Tout à coup, la pluie a commencé à tomber. Il a mis en marche l'essuie glaces mais ils ne fonctionnaient pas. La pluie est devenue plus forte jusqu'à ce que nous ne voyions plus devant nous. Ce qui a forcé le chauffeur à ralentir et à se ranger sur la voie droite.

Maintenant, tristement, tous les autres véhicules et même les motocyclettes qu'il avait doublés, ont commencé à le dépasser. Nous avions une nouvelle voiture sans essuie-glaces.

Ce petit essuie-glace nous a ramené en arrière, il en est de même avec le péché. Ce petit péché que vous ne prenez pas au sérieux vous enverra à l'arrière de votre destinée.

Nous avons besoin de la grâce de Dieu en ces temps ; nous avons besoin de crier au Seigneur pour sa miséricorde. Mais elle n'est obtenue qu'avec la discipline. Si vous voulez obtenir la miséricorde, dites la vérité à Dieu. Lorsque vous le faites, vous vous tenez dans une meilleure chance de recevoir la grâce.

Des lecteurs de ce livre peuvent avoir besoin de mettre de l'ordre dans leurs vies avec Dieu. Il est difficile de comprendre pourquoi des personnes trouvent difficile d'abandonner certaines choses qui ont déjà détruit beaucoup d'autres. Pourquoi répétez-vous les erreurs des autres ?

La Bible dit, "Ces choses ont été écrites pour notre connaissance pour qu'à travers le réconfort des écritures nous puissions avoir de l'espérance.
Tous ces mauvais amis que vous suivez partout, il y a une conséquence pour eux. De même, tout le tabagisme et la boisson; aussi bien que la romance satanique que vous faites avec ce frère ou cette sœur.
Tous ces mensonges que vous dites, et la malice et la rancune que vous gardez, ont leurs conséquences. Même le manque de prière dans votre vie à ses conséquences. Tous les commérages et les rumeurs et les diffamations ont leurs conséquences.

L'orgueil dans votre vie à ses conséquences. Si vous venez à l'église sans utiliser positivement ce que Dieu a déposé en vous, vous ferez certainement face à la conséquence. L'homme avec un talent, n'a tué personne. Il n'a pas commis la fornication. Son petit péché était qu'il n'avait pas fait usage de son talent ; il l'avait enterré, et à cause de cela il est allé dans le feu de l'enfer. Fuyez-vous l'agenda que Dieu a pour vous ? Volez-vous l'argent des gens ? Il y a une conséquence à cela. Souvenez-vous que bien que joignant la main à la main, le méchant ne restera pas impuni. Notez que cela ne signifie pas qu'aucun pécheur ne sera pardonné.

Lorsque le péché est sur le siège du conducteur dans votre vie, au siège arrière se trouve sœur honte. Le péché s'accroche à un homme dans le processus de se procurer ce qu'il n'a pas, ou lorsqu'il a peur de perdre quelque chose qu'il a déjà. Que je vous rappelle qu'il n'y a pas de petit péché. Si à l'église, vous continuez à discuter avec d'autres personnes de manière à détourner l'attention des gens du culte, vous êtes un pécheur. Peur importe la petitesse du péché, sa conséquence peut être incommensurable. Si vous péchez parce que vous voulez avoir des gains, je dois vous faire savoir que vous ne pouvez pas gagner en péchant, c'est impossible : Tout ce que vous gagner du péché, vous sera repris même l'intérêt. Le péché est le petit enfant qui joue avec un serpent. Il peut trouver le serpent beau et excitant, mais il demeure excitant seulement, lorsqu'il n'a pas démontré sa méchanceté.

Tout un chacun, nous avons le pouvoir de choisir le péché, mais une chose dont nous n'avons pas le pouvoir de choisir est : ses conséquences. La manière dont Dieu a organisé le monde, tout péché à une conséquence et une punition qui s'y attache.

Une fois que vous commettez un péché, la punition qui l'accompagne est automatique ; quand le péché entre, il provoque la fuite de la coupe de joie. Dès que la semence du péché est semée, le jugement est sûr. Malheureusement, la Bible dit qu'un pécheur détruit beaucoup de bons. Ce qui signifie que le péché d'une personne peut apporter la tragédie à beaucoup. Par exemple, Jonas aurait pu tuer beaucoup de gens sur ce bateau parce que Dieu n'était pas du tout prêt pour négocier avec lui. Peut être qu'en lisant ceci, vous êtes le Jonas dans votre famille ; vous êtes peut-être la cause des vents maléfiques qui ont soufflé dans votre famille, ou la cause des tempêtes expérimentées par la famille. Peut-être que Dieu vous a emmené dans cette famille pour faire quelque chose que vous n'avez pas fait. Ainsi, aussi longtemps que vous n'arriverez pas faire cette chose pour votre famille, le mal continuera à honnir la famille. La première fois que la variole est entrée en Inde, c'était au travers d'un petit garçon qui avait échappé d'un bateau et s'était refugié en Inde. Comme conséquence de l'acte de ce petit garçon, trois millions d'Indous sont morts. L'erreur que nous commettons est : Nous pensons que le péché est comme nous le voyons ? Non, il est jugé de la manière dont Dieu le voit. Et, une fois que Dieu ' commence le jugement, cela débutera d'un endroit qui nous serait totalement étrange.

Un enfant avait été attaché a un poteau au bar de la Plage et tué pour vol.

Lorsque Dieu a commencé le jugement sur le garçon, Il a commencé avec sa mère qui avait un vieux amant. Ce dernier lui a ouvert une buvette ou elle vendait le Pepper soupe (un potage au poivre qui accompagne la boisson alcoolisée). Puis Dieu a continué sur la personne qui a initié le garçon au vol. Lorsque Dieu commence à juger un péché, Il peut impliquer beaucoup de gens. Les êtres humains jugent selon leur opinion et leur sentiment. Pour cela, lorsqu'une personne est coupable d'un péché, on a tendance a fermer les yeux sur ce péché, parce que d'autres personnes ont commis le même péché dans le passé et ils n'étaient pas punis. Ce n'est pas la position de Dieu. Beaucoup de personnes peuvent commettre le même péché mais obtenir différentes réactions de Dieu. Si par exemple, vous êtes une sœur et Dieu vous a appelée à être une prophétesse avec le but de sauver toute l'Afrique par vous et vous commettez un avortement, la conséquence peut être plus grave que celle d'une sœur qui a commis dix avortements. Pourquoi ceci, parce qu'il a destiné la première pour une plus grand mission.

Le prix des matières peut s'élever ou tomber, mais le salaire du péché reste le même, la mort. La chose la plus chère dans le monde est le péché. Ceci parce que c'était pour le seul but de ce péché que Dieu a permis à son unique Fils d'être tué. Chaque jour le monde continue de voir de nouveaux pécheurs. Nous avons des pécheurs intellectuels, brillants, et des pécheurs psychologiques, mais il n'y a pas de nouveau péchés. Nous devrions toujours nous rappeler que la méchanceté ne restera pas impunie. "bien que mains dans la main, le méchant ne restera pas impuni" on doit payer pour le plaisir du péché avec la monnaie de peine. Ce péché que vous couvrez évidemment vous renversera. C'est parce que le péché est le plus grand de tous les détectives. La Bible dit " Soyez sûrs que votre péché vous rattrapera'

LE BOUTON MANQUANT

Un homme a étranglé une jeune fille après l'avoir violé. Il l'a jetée dans une brousse et s'est retourné à la maison, lorsque sa femme l'a vu, elle a remarqué que sa veste paraissait un peu froissé et qu'un bouton manquait. Inquiète, la femme lui a demandé ce qui était arrivé au bouton manquant. Il n'a pas dit à la femme ce qui était arrivé mais il savait très bien que ce bouton devrait être à l'endroit où il avait tué cette fille, et il a commencé à s'agiter.

Peu de temps après, les policiers sont arrivés au lieu du meurtre, dès qu'ils ont vu le corps de la fille, ils ont commencé à faire des recherches dans les environs pour toute indication possible. Pendant longtemps, ils n'avaient rien trouvé, jusqu'à ce que l'un d'entre eux ait repéré le bouton. Il l'a ramassé et mis dans sa poche sans rien dire aux autres détectives. Mais lorsque les journaux ont mentionné le meurtre et les recherches des polices étaient faites, aucune mention n'était faite du bouton. En dépit de ceci, cet homme n'avait aucune

paix. Quelque chose continuait de lui rappeler le bouton. Deux mois après le meurtre, il est retourné sur le lieu pour voir s'il pouvait avec la chance retrouver le bouton.
Dès qu'il y était arrivé et regardait partout, la police l'a arrêté. Ils lui ont dit doucement qu'ils savaient ce qu'il cherchait. " Votre bouton ? " Lui ont-ils demandé. L'homme a répondu, "Oui" Ils l'ont emmené. Vous pouvez être sûrs que votre péché vous découvrira. Ces enfants que vous avez hors mariage, le péché finalement vous rattrapera. Ces enfants grandiront et reviendront pour détruire votre famille. Tout péché à ses conséquences. Un mauvais usage de votre langue a ses propres conséquences. Voyons un exemple : dans **Nombres. 12 : 1, 9 :15**. Marie et Aaron parlèrent contre Moise a cause de la femme éthiopienne qu'il avait épousé. Verset **9-15** : « La colère de l'Éternel s'enflamma contre eux. Et il s'en alla.

Num 12:10 La nuée se retira de dessus la tente. Et voici, Marie était frappée d'une lèpre, blanche comme la neige. Aaron se tourna vers Marie; et voici, elle avait la lèpre.

Num 12:11 Alors Aaron dit à Moïse: De grâce, mon seigneur, ne nous fais pas porter la peine du péché que nous avons commis en insensés, et dont nous nous sommes rendus coupables!

Num 12:12 Oh! qu'elle ne soit pas comme l'enfant mort-né, dont la chair est à moitié consumée quand il sort du sein de sa mère!

Num 12:13 Moïse cria à l'Éternel, en disant: O Dieu, je te prie, guéris-la!

Num 12:14 Et l'Éternel dit à Moïse: Si son père lui avait craché au visage, ne serait-elle pas pendant sept jours un objet de honte? Qu'elle soit enfermée sept jours en dehors du camp; après quoi, elle y sera reçue.

Num 12:15 Marie fut enfermée sept jours en dehors du camp; et le peuple ne partit point, jusqu'à ce que Marie y fut rentrée.» Cette marie était celle qui avait veillée sur moise quand

sa mère l'avait déposé sur l'eau où la fille du roi l'avait ramassé. Tout de même, lorsqu'elle a péché avec sa bouche contre Moise, Dieu l'a puni. Bien que Moise ait plaidé pour son pardon auprès de Dieu, Dieu l'a encore puni pendant sept jours. Cela signifie que, bien que Dieu l'ait pardonnée, elle avait continué à subir la conséquence de son péché. Elle aurait bien pu mourir.

Lorsque David, qui était supposé aller à la guerre, a décidé de regarder au poste téléviseur satanique. Il a vu Bathschéba la femme d'un autre homme, et éventuellement tué son mari et s'est marié à la femme. Après cela, un prophète de Dieu est venu vers David.

Et Nathan dit à David : « Tu es cet homme là ! Ainsi parle l'Eternel, le Dieu d'Israël ; je t'ai oint pour roi sur Israel, et je t'ai délivré de la maison de ton maître, j'ai placé dans ton sein les femmes de ton maître et je t'ai donné la maison d'Israël et de Juda. Et si cela eût été peu, j'y aurais encore ajouté.

Pourquoi donc as-tu méprisé la parole de l'Eternel, en faisant ce qui est mal à ses yeux ? Tu as frappé de l'épée Unie, le Hethien : Tu as pris sa femme pour en faire ta femme, et lui, tu l'as tué par l'épée des fils d'Ammon ; Maintenant, l'épée ne s'éloignera jamais de ta maison, parce que tu m'as méprisé, et parce que tu as pris la femme d'Unie, le Héthien, pour en faire ta femme. Ainsi parle l'Eternel ; voici, je vais faire sortir de ta maison le malheur contre toi, et je vais prendre sous tes yeux tes propres femmes pour les donner à un autre, qui couchera avec elles à la vue de ce soleil, car tu as agi en secret ; et moi je ferai cela en présence de tout Israël et à la face du soleil. David dit à Nathan, j'ai péché contre l'Eternel ! Et Nathan dit à David : l'Eternel pardonne ton péché, tu ne mourras point. Mais parce que tu as fait blasphémer les ennemis de l'Eternel, en commettant cette action, le fils qui est né de toi mourra.

Et Nathan s'en alla dans sa maison. L'Eternel frappa l'enfant que la femme d'urie avait enfanté à David, et il fut dangereusement malade. David pria Dieu pour l'enfant, et jeûna ; et quand il rentra, il passé la nuit couché par terre. (2Samuel. 12 : 7-16) une fois que Dieu a pardonné a David, le pardon a ôté la condamnation en lui, mais n'a pas éliminer les conséquences du péché. Ce qui confirme que, bien que nous nous joignions les mains, aucun pécheur ne restera impuni. Une personne qui a commencé la vie comme adultère et a contracté le SIDA dans le processus retourne maintenant au Seigneur pour le secours. Bien que Dieu l'ait pardonné, il mourra sûrement des conséquences de sa conduite immorale. Une fois, un homme est venu me parler de sa femme qui avait pour habitude de l'énerver. Il a demandé pardon à Dieu pour lui permettre de battre sa femme. Après cela, il s'est jeté sur elle et l'a bourré de coups.

Cependant un jour, après quelques années, alors que l'homme descendait d'un minibus à l'arrêt de bus C.M.S à Lagos, quelqu'un a criait Eventuellement en marchant vers lui, l'a empoigné par la taille et l'a accusé d'avoir volé sa malle commencé à crier, *voleur ! Voleur ! Voleur !* Cet homme ne savait pas qu'on criait après lui. La personne qui criait avançait vers lui, et l'a saisi par la taille et l'accusait d'avoir volé son portefeuille . Sans vérifier l'accusation, la foule qui était attirée par la scène, s'est jetée sur lui et lui a donné une bonne correction avant qu'ils ne découvrent qu'il y avait une erreur d'accusation. Il avait été complètement blessé et il saignait d'un œil. Pendant son hospitalisation, cet homme s'est tourné vers Dieu les larmes aux yeux, lui demandant pourquoi une telle chose lui est arrivée. Dieu lui a répondu que ce sont les conséquences des coups qu'il avait donné à sa femme quelques années auparavant. Lorsqu'il a rappelé à Dieu qu'il avait demandé le pardon à ce moment là, Dieu lui a répondu qu'il avait actuellement pardonné, mais que le pardon n'annulait pas la conséquence de l'action.

Il y a quelques temps de cela, au cour d'une discussion pendant une conférence de pasteurs, un pasteur s'est énervé et a dit, "A cause de ce que vous venez juste de me dire, je vais mettre la Bible de côté et vous défier.

En retournant à la maison après la conférence, le véhicule dans lequel le pasteur colérique voyageait a eu un accident. Pendant que tous les autres passagers ont échappé indemne, le pasteur a eu les deux jambes cassées.

A l'hôpital orthopédique où on avait suspendu ses jambes, le pasteur a demandé à Dieu ce qu'il avait fait pour mériter cette mésaventure. Dieu lui a dit, "Tu as dit que, tu déposais la Bible et tu l'as actuellement fait" Mais plus tard, j'ai demandé le pardon, n'est-ce pas ? Bien sûr que tu l'as fait, a répondu Dieu. <<En fait, si je ne t'avais pas pardonné, tu serais déjà mort. Car cette Bible que tu as déposée a été ton support et ta protection et lorsque tu l'as déposé, tu as enlevé ma protection et mon support autour de toi>>

Bien que ce pasteur, aujourd'hui soit capable de marché , il boite .C'est le témoignage de la discipline qu'il a reçu de Dieu.

POINTS DE PRIERES

1. Tout péché qui veut détruire ma destinée, sang de Jésus, balaie-le, au nom de Jésus.
2. Mon père, aie compassion de moi aujourd'hui, au nom de Jésus.
3. Change mon cœur, O Seigneur, qu'il soit à jamais nouveau ; que je sois comme Toi, au nom de Jésus.
4. Chaînes spirituelles ancestrales et chaîne spirituelles personnelles, soyez brisées, au nom de Jésus.
5. Toute porte d'ancien prison dans ma lignée familiale, sois brisée, au nom de Jésus.
6. Tout faussé entre où je suis et où Dieu veut que je sois, sois fermé par le feu, au nom de Jésus.

AUTRES PUBLICATIONS FRANÇAISE PAR LE DR. D. K. OLUKOYA

1. PLUIE DE PRIÈRE
2. ESPRIT DE VAGABONDAGE
3. EN FINIR AVEC LES FORCES MALÉFIQUES DE LA MAISON DE TON PÈRE
4. QUE L'ENVOUTEMENT PÉRISSE
5. FRAPPER L'ADVERSAIRE ET IL FUIRA
6. COMMENT RECEVOIR LA DÉLIVRANCE DU MARI ET FEMME DE NUIT
7. COMMENT SE DÉLIVRER SOI-MÊME
8. POUVOIR CONTRE LES TERRORISTES SPIRITUELS
9. PRIÈRE DE PERCÉE POUR LES HOMMES D'AFFAIRES
10. PRIER JUSQU'À REMPORTER LA VICTOIRE
11. PRIÈRES VIOLENTES POUR HUMILIER LES PROBLÈMES OPINIÂTRES
12. PRIÈRE POUR DÉTRUIRE LES MALADIES ET INFIRMITÉS
13. LE COMBAT SPIRITUEL ET LE FOYER
14. BILAN SPIRITUEL PERSONNEL
15. VICTOIRES SUR LES RÊVES SATANIQUES
16. PRIÈRE DE COMBAT CONTRE 70 ESPRITS DÉCHAINÉS
17. LA DÉVIATION SATANIQUE DE LA RACE NOIRE
18. TON COMBAT ET TA STRATÉGIE
19. VOTRE FONDEMENT ET VOTRE DESTIN
20. RÉVOQUER LES DÉCRETS MALÉFIQUES

21. CANTIQUE DES CANTIQUES
22. LE MAUVAIS CRI DES IDOLES
23. QUAND LES CHOSES DEVIENNENT DIFFICILES
24. LES STRATÉGIES DE PRIÈRE POUR LES CÉLIBATAIRES
25. SE LIBÉRER DES ALLIANCES MALÉFIQUES
26. DÉMANTELER LA SORCELLERIE
27. LA DÉLIVRANCE : LE FLACON DE MÉDICAMENT DE DIEU
28. LA DÉLIVRANCE DE LA TÊTE
29. COMMANDER LE MATIN
30. NÉ GRAND MAIS LIÉ
31. POUVOIR CONTRE LES DÉMONS-TROPICAUX
32. LE PROGRAM DE TRANSFERT DE RICHESSE
33. LES ÉTUDIANTS À L'ÉCOLE DE LA PEUR
34. L'ÉTOILE DANS VOTRE CIEL
35. LES SAISONS DE LA PEUR
36. FEMME TU ES LIBÉRÉE
37. ARRÊTEZ-LES AVANT QU'ILS NE VOUS ARRÊTENT
38. BRISER LES MAUVAISES HABITUDES
39. LA DÉLIVRANCE DU CERVEAU
40. LES DANSEURS À LA PORTE DE LA MORT
41. LE SERPENT DANS LA CENTRALE ÉCLECTIQUE

www.ingramcontent.com/pod-product-compliance
Lightning Source LLC
Chambersburg PA
CBHW061251040426
42444CB00010B/2350